LE NOUVEAU

CHANT

DU PROLÉTAIRE,

Par **BOISSY**.

Prix : 50 cent.

PARIS

AUX BUREAUX DU NOUVEAU MONDE,
55, RUE SAINT-ANDRÉ-DES-ARTS.

1841

LE NOUVEAU

CHANT

DU PROLÉTAIRE.

LE NOUVEAU

CHANT

DU PROLÉTAIRE,

Par BOISSY.

Prix : 5o cent.

PARIS

AUX BUREAUX DU NOUVEAUMONDE,
55, RUE SAINT-ANDRÉ-DES-ARTS.

1841

AVANT-PROPOS.

On se plaint généralement que nous vivons dans un siècle prosaïque où l'âme, privée de nobles inspirations, ne trouve aucun aliment. La critique verse de chaudes larmes, en proclamant que la poésie est morte. Oui, la poésie est morte, si vous ne suivez que les productions à la mode, productions désordonnées, sans but, sans foi, où l'âme ne rencontre que vide et néant; oui, la poésie est morte, si vous n'écoutez que les sons discordans des hauts barons de la littérature moderne.

Mais, écartez-vous de la grande route; quittez les sallons pour pénétrer dans la mansarde des travailleurs; écoutez les poésies populaires que le génie de Fourier leur a inspirées. Victimes d'une société mal organisée, ils passent leur journée à faire un travail répugnant; ils connaissent toutes les misères, toutes les souffrances, et cependant leurs chants ne respirent ni haine, ni vengeance, ni désespoir.

La science sociale vivifie leur esprit, relève leur âme.

Quand nos savans blasphèment ou se plaignent que les décrets de la Providence sont couverts d'un voile impénétrable, nos jeunes poètes apprennent à lire dans le grand livre de la nature. Ils possèdent la clé de l'avenir ; ils croient aux destinées heureuses, et ils nous chantent le phalanstère, cité de Dieu, séjour digne du roi de la terre.

Quels sont les faits qui réveillent nos grands poètes ? le retour des cendres d'un grand homme, le souvenir du passé, l'élégie sur la tombe, l'hommage à la mort. Mais où est la vie ? où est l'avenir ? où trouver la conscience de nos destinées ? Citez-nous un seul de nos poètes à la mode qui connaisse les lois du mouvement universel, le chemin que l'humanité a parcouru et celui qu'elle doit encore parcourir ; ils n'en savent rien : voilà pourquoi la poésie se meurt.

Mais venez à nos réunions populaires ; écoutez nos poètes phalanstériens, ils vous transporteront dans un monde nouveau. Vous apprendrez à honorer les héros modernes qui marchent vers la conquête pacifique du globe, qui déclarent la guerre à la misère, aux crimes, à l'impiété, à tous les fléaux connus. Voilà les combats dignes du XIXe siècle, c'est là l'avenir et la vraie poésie.

Paris, le 17 septembre 1841.

Jean CZYNSKI.

LE NOUVEAU
CHANT
DU PROLÉTAIRE.

HONNEUR AUX TRAVAILLEURS.

Air : *De la gaîté, de la gaîté.*

REFRAIN.

Honneur, honneur aux travailleurs ;
Cessez vos chants, vos cris de guerre ;
Mettez tous sur votre bannière :
Honneur, honneur aux travailleurs.

—

Frères, la main, oublions nos querelles ;
Soyons unis, qu'importe la couleur !
Si la discorde étend sur nous ses ailes,
Pour la chasser entonnons tous en cœur :
   Honneur, etc.

Lève ton front, pour toi l'avenir s'ouvre,
Bon prolétaire, et regarde les cieux,
Lève ton front, la sueur qui le couvre
Le rend plus noble et bien plus glorieux.
   Honneur, etc.

Si des salons ils n'ont pas l'habitude
Le ton poli, le langage flatteur,
Sous les dehors d'une allure un peu rude,
Vous trouverez et de l'âme et du cœur.
    Honneur, etc.

A qui produit les triomphes, les fêtes,
L'or, les palais, pour charmer son destin,
Un jour enfin, pour prix de ses conquêtes,
La croix d'honneur brillera sur son sein.
    Honneur, etc.

Fiers combattans, quittez enfin l'arène,
Et de l'esclave allez briser les fers.
L'attraction est la loi souveraine ;
Gloire au travail et paix à l'univers.
    Honneur, etc.

Femmes, toujours si tendres et si bonnes,
Cueillez des fleurs pour fêter ce beau jour ;
Pour les vainqueurs tressez-en des couronnes,
Et répétez, dans votre saint amour :
    Honneur, etc.

Gloire à FOURIER ; qu'une palme immortelle
Orne son front du plus noble tribut.
Pour arriver, la route est large et belle,
Et son *génie* en a marqué le but.
    Honneur aux travailleurs, etc.

MA PROFESSION DE FOI.

Alors que je quittai l'arène politique
Pour suivre, de *Fourier*, l'étendart pacifique ;
Quand j'unis mes efforts aux hommes courageux,
Qui proclamaient son nom à la face des cieux,
Je ne désertai pas la cause populaire,
Mais seulement, j'ouvris les yeux à la lumière ;
Marchant vers l'avenir, sans rougir du passé,
Riant des songes creux dont je m'étais bercé ;
J'ai cent fois critiqué la vieille république
Sans jamais exercer ma verve satyrique
Sur les individus composant ce parti,
Au sein duquel je compte encor plus d'un ami ;
Une fois donc enfin, sachez ce que nous sommes.
Nous combattons l'erreur, mais nous aimons les hommes,
Convaincus qu'aucun d'eux n'est créé pour le mal,
Nous nous en prenons donc à ce milieu fatal
Dont nous ressentons tous la funeste influence,
Qui retrécit le cœur, comme l'intelligence,
A ce monde à rebours, où l'on ne vit enfin
Qu'en étant sans pitié, qu'en s'arrachant le pain,
Où la faim est un tort et la misère un crime ;
Où l'on se fait bourreau pour n'être pas victime.
Las enfin de souffrir, cédant aux passions
Que soulève le vent des révolutions,
Quand un frère égaré par les maux qu'il endure,
Sans toit pour l'avenir veut briser sa masure,
Nous déplorons en lui l'aveuglement humain ;
Mais s'il vient à tomber, nous lui tendons la main
Et nous crions à tous, sans flétrir leur bannière,
Assez, amis ! assez d'émeutes et de guerre !

Depuis que votre sang a rougi les pavés
De l'affreuse misère, êtes-vous donc sauvés?
L'intrigue, qui dans l'ombre, arme vos bras d'un glaive,
Sur vos débris sanglans, le lendemain s'élève.
Dans les mêmes douleurs le peuple est replongé,
Seulement les palais de maîtres ont changé.
Voilà le résultat de tant de sacrifices.
Nous, qui comptons, amis, vos maux et vos services,
Qui possédons la loi qui doit nous sauver tous,
Sûrs de vos bons desirs, nous espérons en vous;
Apôtres du progrès nous vouons notre vie
Au culte solennel de la sainte harmonie;
Nous réclamons pour tous, de par l'humanité,
Large place au banquet, richesse et liberté,
Biens que l'on n'obtiendra que par le phalanstère;
Où seulement alors, les trésors de la terre
Que nous centuplerons en nous harmonisant,
Dans l'ordre combiné du travail attrayant,
Appartiendont à tous, la joie et l'abondance
Seront filles de l'ordre et de l'indépendance;
Peuple, voilà pour toi, ce que nous proclamons.
L'étendart glorieux sous lequel nous marchons
En donnant à chacun le monde pour domaine,
Affranchit à jamais toute l'espèce humaine.
O vous! qui proclamez l'ordre et la liberté,
Et l'égalité sainte et la fraternité,
Grands mots, qui du cœur touchent toutes les fibres
Quels seront vos moyens d'être frères et libres?
Nous n'en accusons pas votre mauvais vouloir;
Mais ils crèvent les yeux à qui veulent les voir.
Fourier, amis! Fourier, colosse de génie,
A cette œuvre sublime a consacré sa vie,

Et le rire insolent accueille ses travaux ;
Il a ses détracteurs, n'ayant pas de rivaux.
Mais s'il n'obtient encor que les dédains du monde,
Béranger l'a chanté, qu'importe qui le fronde !
Les hommes ont été tant de fois abusés
Que l'on comprend, hélas ! leurs doutes insensés.
Mais vous, qui conservez un rayon d'espérance,
J'en appelle à vos cœurs, à votre intelligence ;
Unissons nos efforts pour arriver au but,
Et ne rejetons pas la planche du salut
Contre ce souffle impur à qui toute âme cède.
Aidez-nous, et bientôt nous aurons le remède.
En blâmant leur essor, pour nous chaque parti
Révèle un saint desir comme un besoin senti.
Il faut harmoniser ces diverses tendances,
Qui dans l'humanité sont autant de puissances
Dont l'homme fut doté des mains du créateur ;
Et qui doivent un jour le conduire au bonheur.
Bientôt, j'en ai l'espoir, tant de vaines querelles
Que l'esprit de parti semble rendre éternelles,
S'éteindront dans nos cœurs devant la vérité,
Et feront place enfin à la fraternité.
Mais jeter aux vaincus l'insulte d'un fou rire,
Plutôt briser cent fois les cordes de ma lyre.

A L'ENFANCE.

Paix, ô vous, qui souffrez de mortelles étreintes ;
Jusqu'au trône de Dieu vous élevez vos plaintes ;
Mais vous comptez-vous donc pour les seuls malheureux ?
Tout le mal vient de vous, aveugles orgueilleux :

Vous avez dévié des lois de la nature.
C'est votre châtiment : paix donc à tout murmure,
Et quand vous proclamez l'ordre et la liberté,
Cherchez en le lien, justice et vérité.
Déjà quelques rayons descendus en vos âmes,
Vous ont fait réclamer pour le peuple et les femmes ;
Mais les pauvres enfans sont-ils donc à jamais
Condamnés à ramper vos dociles jouets ?
Eux, que vous torturez par des milliers d'entraves ;
Eux, martyrs des martyrs, esclaves des esclaves ;
Et vous vous étonnez que vos coups, vos sermons,
D'anges qu'ils étaient nés en fassent des démons !
Dieu, dans leur jeune cœur et leur intelligence
Mit un germe divin de sa plus pure essence.
Si, loin de refouler leurs aspirations,
Vous saviez les guider vers leurs attractions,
Vous verriez les trésors que la riche nature
A déversé sur tous, noble, puissante et pure.
Vous les verriez grandir en forces, en beauté,
Marchant avec amour vers la sainte unité.
Oui, liberté pour eux, il est temps qu'on y songe ;
Car tout homme est né bon, ou Dieu n'est qu'un mensonge
Chacun se récriant contre l'oppression,
Aime à faire sentir sa domination.
Riches comme indigens, en manteaux, en guenilles,
Sont maîtres absolus au sein de leurs familles.
Hélas ! le châtiment qui vient dès le berceau
Commence par la mère et s'arrête au bourreau.
Toujours la force est là pour combattre ou contraindre,
Fouler les passions, mais non pas les éteindre ;
Car c'est le feu sacré que nous tenons du ciel,
Lien vivant de l'âme au sein de l'Eternel.

La morale impuissante, en sa vaine science,
Ne les comprenant pas, les condamne au silence;
Et le sot pédagogue, exécuteur nouveau,
Ecrase tous les fronts sous son étroit niveau.
Le dégoût et l'ennui d'inutiles études,
Pour tout rapetisser sont les meilleurs préludes.
Reste immobile, enfant, refoule ton ardeur,
Ou la férule est là ; mais c'est pour ton bonheur.
Si tu romps la nature, et le maître s'en flatte,
Tu pourras faire un jour un savant automate.
C'est trop longtemps souffrir et prolonger le mal ;
C'est trop longtemps tourner dans ce cercle fatal,
Abîme de douleur, de honte et de misère.
Les ténèbres enfin font place à la lumière :
Fourier nous révéla la loi du genre humain,
Et Dieu mit un flambeau dans sa puissante main.
Le monde où nous vivons est à son agonie ;
Relevez-vous, enfans, un monde d'harmonie
S'ouvre à vos saints desirs et va sécher vos pleurs,
Comme un soleil brillant tarit celles des fleurs,
Des fleurs dont vous ornez vos blondes chevelures,
Et qui seront toujours vos plus belles parures.
Reprenez en chantant votre aimable gaîté ;
Voici venir le jour de votre liberté.
Et nous, vers leur sauveur élevons leur hommage ;
C'est un encens si pur que l'amour du jeune âge !
Que leurs cœurs à nos cœurs viennent s'associer,
Pour bénir en tous lieux le grand nom de FOURIER !

L'HARMONIE.

Air : *Barcelonne est si belle.*

REFRAIN.

O ! divine harmonie !
Prête-nous tes accords ;
Du ciel, fille chérie,
Livre-nous tes trésors.

A travers un nuage ,
Brille la liberté ,
Pour que ce vain mirage
Soit une vérité,
   O ! divine, etc.

Partons, plus de barrières
Pour les nobles ardeurs ;
Déployons nos bannières
Aux riantes couleurs.
   O ! divine, etc.

C'est trop longtemps maudire,
Et combattre et s'armer,
Les bras sont pour produire,
Et le cœur pour aimer.
   O ! divine, etc.

Dans nos rangs que la femme
Lève un front radieux ;
Sa voix, qui porte à l'âme,
Peut monter jusqu'aux cieux.
   O ! divine, etc.

Par toi le prolétaire,
Qui s'abreuve de fiel,

Peut, l'âme heureuse et fière,
Prendre place au soleil.
          O ! divine, etc.

Plus de haines, de guerres,
Par toi le genre humain
Devient peuples de frères,
Qui se donnent la main.
          O ! divine, etc.

Pour tous dans la nature,
Le divin créateur,
Remplit et sans mesure,
La coupe du bonheur.

O divine harmonie,
Prête-nous tes accords ;
Du ciel, fille chérie,
Livre-nous tes trésors.

A LA PRESSE.

O sainte liberté profanant ton image
Que de fois le mensonge emprunte ton visage !
Que de sang, en ton nom, répandent les humains !
Quand donc briseras-tu le glaive dans leurs mains ?
Les hommes ne sont pas aveugles de naissance,
Et pourtant c'est l'erreur que partout on encense ;
Elle trône à sa cour, et sa charte et ses mœurs
Faussant tous les instincts et brisant tous les cœurs,
Et si dans cet enfer un homme de génie
Avec religion, quarante ans de sa vie,
Cherche la vérité, qu'il montre à tous les yeux,

Loin de tendre la main à l'envoyé des Cieux
Qui sur nos passions, à jamais condamnées
Et sur l'attraction, basant nos destinées
Vient, d'un nouvel Eden, nous ouvrir le chemin,
Le monde l'écrasant du poids de son dédain,
Le traîne au pilori, l'y condamne et l'y cloue,
Couvre ses cheveux blancs d'insultes et de boue,
Et s'en va rire après de ce rire infernal,
Ce rire de damné que provoque le mal.
Tel un peuple affamé dans sa rage profane
Qui maudirait le ciel en rejetant la manne.
C'est ainsi que toujours les hommes insensés,
Ont flétri les mortels qui les ont dépassés ;
Et pourtant nous avons, savans, académies,
Ecrivains par milliers, des journaux, coteries,
Où routine, mensonge et médiocrité,
Ont seules la parole et le droit de cité ;
Où l'or éteint le cœur, où l'on vend la pensée,
Où se presse toujours une foule insensée
Désertant l'industrie en mendiant l'honneur
Et l'inutilité d'une telle faveur.
Là, dans ce tourbillon où la haine préside,
Se heurtent au hasard, sans boussole et sans guide
Les mille factions des partis divisés,
En foulant sous leurs pieds leurs frères écrasés ;
Aspirant au pouvoir qu'ils flattent ou déchirent
Suivant les intérêts des patrons qui les tirent :
Puis, au nom du progrès et de la liberté,
Sous un manteau de plomb cachent la vérité.
Quand, abusé par eux, le peuple sans logique
Court répandre son sang sur la place publique,
Vaincu comme vainqueur, il voit river ses fers ;

Qu'importe à ces gens là son gain ou ses revers !
Assemblage hideux d'intrigue et de bassese,
Voilà ce que chez nous on appelle la presse.
Quand l'homme intelligent, délaissé, presque nu,
Dans le coin d'un grenier, expire méconnu,
L'épicier enrichi, devant qui tout s'incline,
A sa cour de flatteurs qu'il paie à tant la ligne.
Oh ! si parfois encore un reste de pudeur
Vous fait monter au front une juste rougeur,
A vous tous possédés de la rage d'écrire,
Qui voyez tous ces maux, et semblez y souscrire,
Moi que le sort plaça dans les rangs des maudits,
Moi prolétaire enfin, je me lève et vous dis :
Un maçon pour la plume a quitté la truelle,
Et fit bien, songez-y, car la leçon est belle !
Pourquoi vous acharner à salir du papier ?
Soyez plutôt maçons si c'est votre métier ;
Il vaut mieux replàtrer nos maisons dégradées,
Que ramper écrivain, quand on n'a pas d'idées.
Mais vous qui pleins d'espoir en notre humanité,
Proclamez de ses lois toute la pureté ;
Mais vous apôtres saints, dont la mâle éloquence
Par le chemin du cœur gagne l'intelligence ;
Dont le verbe puissant en terrassant l'erreur,
Annonce aux nations la paix et le bonheur ;
Vous, poètes divins, à l'entraînant empire,
Vous qui charmez les cœurs aux accords de la lyre,
Qui chantez les premiers la loi d'attraction,
Oh ! vous êtes du ciel la bénédiction !
Allez, que vos accens, que votre poésie
Proclament en tous lieux les lois de l'harmonie ;
Courage, car bientôt nos mères et nos sœurs,

Tresseront pour nos fronts des couronnes de fleurs :
Courage, en s'inclinant le monde qui s'avance
Léguera tous vos noms à la reconnaissance ;
Courage, Dieu vous garde en sa toute bonté
Un avenir de gloire et d'immortalité !
Et toi, noble martyr, Fourier ! dont la présence,
Faisait passer au cœur la force et la puissance ;
Dont l'œil étincelant, brillant d'un feu sacré,
Commandait le respect à ton front vénéré;
Nous le jurons par toi, soldats de l'harmonie,
Tant qu'il nous restera quelque souffle de vie
Elle sera le but de nos constans efforts.
Bientôt, j'en ai l'espoir, de sublimes accords,
Que rediront au loin les échos de la terre,
Annonceront à tous le premier Phalanstère.
Et les plus doux parfums embaumant l'univers,
Rafraîchiront ton âme en montant dans les airs.
Alors nos chants d'amour, nos concerts de louanges
Parviendront jusqu'à toi, sur les aîles des anges.

LES PANTINS.

AIR : *J'ai d' l'argent, j'ai d' l'argent.*

Admirez l'air langoureux
D'un moraliste amoureux ;
Un geste, un rien, un soupir,
Le fait pâmer de plaisir.

REFRAIN.

Les pantins, les pantins,
Ne sont pas pour les bambins ;
Les pantins, les pantins,
Fourmillent chez les humains.

Marionnettes des cours,
Pour Paul vous faites des tours ;
Mais, s'il vient à s'enfoncer,
Pour Pierre on vous voit danser.
   Les pantins, etc.

Journalistes si mordans,
Journalistes si rampans,
Aisément chacun peut voir
Le fil qui vous fait mouvoir.
   Les pantins, etc.

Grands prôneurs de vérités,
D'émeutes, de libertés,
Je vois à votre babil
Vous voulez tenir le fil.
   Les pantins, etc.

Tel peuple s'est révolté,
A tout brisé, culbuté ;
Admirez son grand bonheur,
Il a changé de couleur.
   Les pantins, etc.

Voyez ce peuple si grand,
Quand son sort est chancelant,
Courir en procession,
Pour un pétard, un lampion.
   Les pantins, etc.

Peuples, toujours abusés,
Mitraillés ou caressés,
Vous dansez sur tous les tons,
Et payez les violons.
   Les pantins, etc.

Marchez, hardis novateurs,
Malgré ces cris, ces clameurs,
Tel qui vous siffle en chemin
Vous applaudira demain.

Les pantins, les pantins,
Ne sont pas q'pour les bambins :
Les pantins, les pantins,
Fourmillent chez les humains.

AUX PHILOSOPHES.

Arrière, votre voix est celle du malheur!
Arrière donc enfin, ministres de l'erreur,
Philosophes si vains, orgueilleux moralistes,
Vous à qui nous devons ces miliers de sophistes,
Parasites honteux, fléaux des nations,
Qui n'enfantent que haine et révolutions;
Notre ignorance était toute votre science,
Notre crédulité votre seule puissance.
Ne sommes-nous donc pas assez catéchisés,
Assez abâtardis, malheureux, divisés?
Un avenir de pleurs, de sang et de carnage
Sera-t-il à jamais notre seul héritage?
Insensés qui voulez nous traîner sur vos pas,
Vous nous parlez de Dieu, mais vous n'y croyez pas!
Car si non moins que vous il est puissant et sage,
Pourquoi vouloir toujours réformer son ouvrage?
Oh! si dans sa bonté vous mettiez votre foi,
Si loin de la nier vous recherchiez sa loi,
Vous rougiriez alors de toutes les souillures

Dont vous empoisonnez les sources les plus pures ;
Vous verriez que le mal qui pèse sur nous tous
N'est pas l'œuvre de Dieu, mais qu'il nous vient de vous,
Qui comptez pour l'honneur de vos saines doctrines,
Des empires perdus, des monceaux de ruines.
Depuis que vous forgez tant de miliers de lois,
Dans vos chartes le peuple a-t-il donc quelques droits,
A-t-il la liberté qu'il envie au sauvage?
Le droit de vivre enfin est son lot ou partage.
Non, chaque travailleur, gras de vos beaux discours,
Sans jamais consommer doit produire toujours.
Qu'importe esclave un jour de mourir à la peine,
Courbe le front, ton pain est au bout de ta chaîne.
Et le riche, en gardant lui la part du lion,
Peut-il vivre à son tour heureux et libre? non.
Car du malheur de tous chacun est solidaire ;
Et s'il ne traîne pas la honte et la misère,
La crainte qui le suit glace tous ses desirs ;
Les jours passent pour lui sans gloire et sans plaisirs.
C'est qu'à tous la nature en sa richesse immense
Donna des bras, du cœur et de l'intelligence
Pour embellir le globe et pour le transformer ;
Pour vivre libre, heureux, pour s'entendre et s'aimer.
Mais comme dans le faux tout se lie et s'enchaîne,
De ce foyer d'amour on voit jaillir la haine.
Et toujours comprimé dans un milieu fatal,
Les élémens du bien reproduisent le mal.
Peuples, de vos haillons, secouez la poussière ;
Levez le front, des cieux émane la lumière.
Du monde sidéral voyez l'essor constant,
Enfantement sublime et travail incessant,
Déroulant à nos yeux cette immense harmonie,

Puisant au sein de Dieu la splendeur et la vie.
Nous avons, nous aussi, dans ce concert divin
Notre partie à faire et notre place enfin.
Long-temps déshérités, respirons, et notre âme,
En s'épanouissant, peut retrouver sa gamme.
L'amour, amis, l'amour en ses modes divers
Est la loi des humains comme des univers.
Atomes et soleils lui doivent leur puissance,
Les arbres et les fleurs leur parfum, leur semence.
Tout dans l'immensité cède à l'attraction
D'où s'élance à longs flots la reproduction.
Si ce charme secret à l'hymen nous convie,
Si nos embrassemens peuvent donner la vie,
Les travaux, Dieu voulant abriter ses enfans,
A l'égal de l'amour doivent être attrayans.
Oui, le monde est à nous, parons notre domaine ;
Que tout cède aux efforts de la puissance humaine ;
Alternons nos travaux par le charme liés,
Tous rivaux. Tous amis, unis, associés,
De la grande industrie achevons la conquête,
Allons, nouveaux soldats, partons musique en tête,
Les vaincus dispensant eux-mêmes les honneurs
Auront leur large part du laurier des vainqueurs.
Allons, société, désormais plus de larmes,
Pour le fer des outils forge tes vieilles armes.
Riches, apportez-nous vos talens et votre or,
Venez à nous, venez vous enrichir encor ;
Rois, respirez enfin ; loin d'envier vos trônes,
Nous aurons pour vos fronts de nouvelles couronnes ;
Venez, vous qui cherchez et la gloire et l'honneur,
Venez, venez, pour tous nous aurons du bonheur.
Femmes, vieillards, enfans, prenez place à la fête ;

A vous les fleurs du bal et les chants du poète.
La masure fait place aux somptueux lambris,
Les ronces et chardons à de riches épis.
La liberté pour nous n'est plus une chimére :
Disposer à son gré des trésors de la terre,
Mettre au bonheur de tous sa gloire et son bonheur,
Etre riche, être aimé, qu'une corde du cœur
Et de l'âme et des sens en vain jamais ne vibre.
Amis, voilà pour nous ce que c'est qu'être libre.

LE PHALANSTÉRIEN.

AIR : *Tout le long, le Long de la rivière.*

Amis, je suis phalanstérien,
Et du monde entier citoyen.
Prendre la paix pour sa devise,
L'humanité pour son église,
Posséder de nombreux amis
Dans les rangs de tous les partis;
Dans chaque humain presser la main d'un frère,
D'un phalanstérien voilà le caractère,
Mes amis, voilà le caractère.

De Fourier gardant le trésor,
Et fier de cette mine d'or,
S'ans s'arrêter à qui le fronde,
Travailler au bonheur du monde,
Harmonisant tous les desirs,
Changer les travaux en plaisirs,
En chant d'amour le cri de la misère,
D'un phalanstérien, etc.

En examinant chaque fait,
Juger la cause et non l'effet;
Qu'on le méprise ou le renomme,
Compter un homme pour un homme;
Parler aux pauvres sans fierté,
Aux riches sans humilité;
Ouvrir à tous une large carrière,
    D'un phalanstérien, etc.

Au pauvre qu'il entend gémir
Montrer un riant avenir,
    Et de par sa foi pacifique
Chasser la vieille politique;
Lutter, plein de force et d'ardeur,
Contre le mensonge et l'erreur;
Aux préjugés déclarer bonne guerre,
    D'un phalanstérien, etc.

Enfin, dépassant ses souhaits,
Au peuple bâtir des palais;
A lui la campagne fleurie,
Les beaux arts, et la poésie,
Marbres, dorures et tapis,
Changer les ronces en épis,
En souverain le dernier prolétaire,
    D'un phalanstérien, etc.

Sentir l'âme du créateur
Dans les soleils comme en la fleur;
De par sa sagesse infinie,
Greffer, au nom de l'harmonie,
Le bonheur sur la vérité
Et l'ordre sur la liberté;

En paradis transformer cette terre,
 D'un phalanstérien, etc.

Suivant les temps, suivant les lieux,
Grave, raisonneur ou joyeux,
Rimer par fois la chansonnette,
Rire et trinquer à la guinguette,
Heureux de vous voir réunis,
Avec vous tous, mes bons amis,
Fraterniser, et de cœur et du verre,
D'un phalanstérien voilà le caractère ;
Mes amis, voilà le caractère.

ANNIVERSAIRE DE LA NAISSANCE

DE FOURIER.

Ce jour dont nous aimons à saluer l'aurore,
Ce jour que nous fêtons, trop peu nombreux encore,
Ce jour qu'avec respect tout mortel doit bénir,
Qu'il sera grand et beau, ce jour, dans l'avenir !...
Quand notre humanité, puissante et glorieuse,
Accomplira sa loi rayonnante et joyeuse ;
Quand, sur le sol paré de riantes couleurs,
Naîtront entrelacés les épis et les fleurs ;
Quand l'homme pourra, libre en sa noble carrière,
Régner en souverain sur la nature entière ;
Prendre, en glorifiant le divin Créateur,
Pour guide le plaisir et pour but le bonheur,
Et qu'il se souviendra du monde de misère
Où languit son enfance, où mourut son vieux père,
De ce monde sans cœur, et son absurdité

Imposant l'esclavage en criant liberté !
Où le malheur de tous éternisait les haines,
Perpétuait la guerre et forgeait tant de chaînes ;
De ce monde où Fourier, loin d'avoir un autel,
Fut abreuvé trente ans de dégoûts et de fiel !...
Comme la vie alors sera douce et remplie,
Le cœur aimant et pur, et l'âme rajeunie !
Comme on verra du ciel toute la pureté !
Comme on respirera l'air de la liberté !...
Quand viendra le réveil de la belle nature,
Quand le riant printemps de fleurs et de verdure
Couvrira nos coteaux, nos prés et nos vallons,
Et de mille couleurs ornera nos sillons ;
Quand tout s'animera d'une nouvelle vie,
Que des heureux oiseaux la douce mélodie
Saluera les beaux jours en vibrant dans les airs,
Nous unirons nos voix à leurs charmants concerts !
Comme la terre, enfin, notre riche conquête,
Nous prendrons, nous aussi, nos beaux habits de fête.
Alors, la coupe en main et le front radieux,
Nous bénirons le jour, à jamais glorieux,
Qui donna l'existence au bienfaisant génie,
Puissant révélateur des lois de l'harmonie !...
Quel encens, quels transports, quel culte solennel,
Sera digne jamais de Fourier l'immortel ?
Quel poète pourra célébrer sa mémoire !
Pour honorer son nom est-il assez de gloire ?...
Anges ! qui l'entourez au céleste séjour,
Pour payer tant d'amour, est-il assez d'amour ?...
Voyez de ces enfans les danses gracieuses,
Voyez leurs blonds cheveux, en tresses amoureuses,
S'agiter librement au souffle du zéphir ;

Voyez-les à la fête, en brûlant de s'unir,
De leurs petites mains, si fraîches, si jolies,
Tresser, en se jouant, les guirlandes fleuries
Dont chacun, à l'envi, brigue l'insigne honneur
D'orner le piédestal de leur divin sauveur ;
Voyez, toujours bercés de riantes pensées ;
Le sourire enchanteur de leurs lèvres rosées ;
Voyez-les pleins d'amour, de force, de beauté,
Libres, heureux, et fiers de leur activité,
A de nouveaux plaisirs courir toujours avides,
Des larmes du bonheur les paupières humides !...
Vous, qui d'un saint amour avez été formés,
Aimez-le bien, enfans ; il vous a tant aimés !...
Ce jour, dont nous aimons à saluer l'aurore,
Ce jour que nous fêtons, trop peu nombreux encore,
Ce jour qu'avec respect tout mortel doit bénir,
Qu'il sera grand et beau, ce jour, dans l'avenir !...

LE BAILLON.

FABLE.

Un jour un bon garçon,
Président de goguette,
Rimaillant sans façon
Plus d'une chansonnette
Qu'un peu d'orgueil, jaloux de son repos,
Poussait à faire une liste de mots
Que lui soufflait maint embrion poëte,
Et qu'à l'instant on mit dans deux chapeaux,
Avec les noms des princes de la fête,
Invoquant Apollon.

Notre héros se rengorge et s'enflamme,
Lorsque des mains d'une gentille dame
Il reçut le bâillon,
Qu'il prit d'abord pour une vision.
Non, se dit-il, j'ai mal lu , je m'abuse ;
Mais le quidam se cramponne à sa muse ,
Et force fut d'y croire tout de bon.
Adieu , triomphe, adieu , douce chimère !
Le pauvre auteur fut forcé de se taire.
N'a-t-il pas , entre nous , mérité ce bâillon ?
Si les élans du cœur, si l'inspiration ,
Tout en nous élevant à la sainte harmonie,
Font jaillir de notre âme un peu de poésie,
Pourquoi toujours contraindre et gêner son essor ?
N'est-ce pas en fumier vouloir changer son or ?
Et pourtant ici bas, c'est tout ce qu'on sait faire.
La nature sur tous, en riche et bonne mère ,
Déverse ses trésors, et déroule à nos yeux
Les splendeurs de la vie en accords merveilleux ;
Et depuis deux mille ans, nos docteurs si célèbres
A la clarté des cieux opposent leurs ténèbres,
Et les pauvres humains, embrassant leurs erreurs,
N'ont trouvé sur leurs pas que misère et douleurs.
S'ils nous ont entraînés dans cette nuit profonde ;
S'ils nous mentent enfin, avec raison je fonde
Que leur science n'est qu'erreur et vanité,
Et qu'il nous faut ailleurs chercher la vérité.
Ainsi donc, grands docteurs, savans et moralistes,
Philosophes titrés, romanciers, journalistes,
Ce peuple ne pourra voir tomber ses haillons,
Que lorsqu'il aura su vous mettre des bâillons.

L'ÉTOILE DU PEUPLE.

Peuples, ralliez-vous ! pour arriver au port
Il faudra bien un jour que chacun rame à bord.
Le vent de liberté souffle dans votre voile,
Courage ! enfans de Dieu, son trône est votre étoile.
Riches, puissans du jour, noblesse d'à présent,
Vous dont le seul mérite est d'avoir de l'argent,
A qui trente ans Fourier prêcha phalanstère,
Et qui, sourds à sa voix, refusant la lumière,
Du haut de votre trône et de votre grandeur,
Daignez parfois jeter l'aumône au travailleur,
Quand l'émeute en grondant trouble votre indolence,
Quand de vos lois de sang vous voyez l'impuissance,
Surtout quand vous croyez ne pas rester vainqueurs ;
Vous avez peur alors et devenez meilleurs
Et cherchez, sans troubler vos douces habitudes,
Quelque petit moyen dans vos graves études,
Non pas pour extirper, mais prolonger le mal ;
C'est ainsi qu'un de vous criait dans un journal :
« Vous qui voulez du peuple alléger la souffrance,
« Ecoutez, écoutez, voici la prescience :
« Le peuple de haillons couvre sa nudité,
« S'arme et meurt en criant travail et liberté ;
« Et l'on ose partout, en flattant sa chimère,
« Le nommer notre égal, l'appeler notre frère !
« Insensés ! vous croyez que, libre associé,
« Il serait plus heureux ; et contre qui lié ?
« Contre nous malheureux qui vivons de ses peines,
« Qu'engraissent sa sueur et le sang de ses veines ;
« Nous à qui le hasard a transmis en naissant
« Le droit de ne rien faire, et le droit tout puissant

« De disposer pour nous du sol de la patrie.

« A nous les fleurs, les fruits, arts, science, industrie,

« Chacun sa part ; nous sommes les élus,

« Nous aurons tous les biens, lui toutes les vertus.

« Qu'il travaille pour nous ; pour se tenir en joie,

« Qu'il tisse nos habits de velours et de soie,

« Qu'il plante et sème ; enfin que son bras vigoureux

« Élève nos palais riches et somptueux,

« Et nous l'aumônerons d'un insolent salaire.

« Voulez-vous à l'instant terminer sa misère ?

« Dissipons donc gaîment en fêtes, en plaisirs,

« Tous ces biens à la fois : alors, en ses loisirs,

« Le peuple malheureux, avec ou sans ouvrage,

« Pourra nous voir passer en brillant équipage,

« Et jusqu'en son taudis le bruit des violons,

« Les éclats de l'orgie échappés aux salons,

« Le porteront la vie à son âme qui s'use,

« *Car le pauvre est joyeux quand le riche s'amuse.* »

C'est aujourd'hui pourtant qu'en se donnant des airs

Ils osent débiter ces sottises en vers,

Qu'ils osent imprimer, oh ! que Dieu leur pardonne !

Que le prix du travail est encore une aumône,

Et l'aumône du sage au plus intelligent.

Oh ! je relève ici ce propos outrageant,

Au nom du travailleur, car il s'agit d'aumône.

Ce n'est pas vous, mais lui qui constamment vous donne ;

Lui, par qui tout prospère, et renaît et fleurit,

Lui, le maître du monde à qui tout obéit ;

Au grand jour du danger qui vole à la frontière,

En guerre comme en paix qui mouille enfin la terre ;

C'est son sang, sa sueur aux travaux, aux combats ;

Et loin de vous chasser comme des fils ingrats,

Quand le sol est à lui, lui qui le fructifie,
Il vous aumône encore du pain ét de la vie.
Le peuple est patient ; ô frères égarés !
Dieu ne nous a pas faits pour vivre séparés.
Revenez parmi nous, que le passé s'oublie ;
Nous vous tendons la main, que tout se concilie.
Notre étoile gravite, et marche dans les temps
Vers un monde meilleur ; malheur aux gouvernans
Qui voudraient l'arrêter dans sa marche sublime !
Entre eux et l'Éternel il n'est plus qu'un abîme.
En avant donc, amis ! la loi du mouvement
Nous entraîne avec elle et compte chaque instant.
Aux rayons de la foi que notre âme s'épure,
Et, les yeux dessilés, contemplons la nature,
Ces étoiles de feu dans ce vaste univers,
Ces mondes par milliers suspendus dans les airs,
Recevant tour à tour et transmettant la vie,
Et dont l'attraction est la loi d'harmonie,
C'est dans ce livre saint qu'il faut que les humains
Lisent du Tout-Puissant les ordres souverains.
Alors de notre sol chassant troubles et guerres,
Les peuples divisés seront peuples de frères,
Qui, tous associés dans un travail commun,
Pour courir au bonheur ne formeront plus qu'un ;
Alors l'humanité sera notre patrie.
Écoutez en tous lieux cette voie qui nous crie :
Peuples, ralliez-vous ! pour arriver au port
Il faudra bien un jour que chacun rame à bord.
Le vent de liberté souffle dans votre voile,
Courage ! enfans de Dieu, son trône est votre étoile.

AUX PROLÉTAIRES.

AIR : *Franche faubourienne.*

Chante, bon prolétaire,
L'écho répétera : la la la la la la. (*Bis.*)
Reprends courage, espère,
Ton malheur finira.

Au riche qui baille,
Redis en tout lieu :
Celui qui travaille
Est le bras de Dieu.
Et, comme symbole,
Préfère cent fois
Ta sainte auréole
Au bandeau des rois.
Chante, etc.

Déjà de la femme
Entends-tu la voix,
Qui partout réclame
Hautement ses droits.
Ses pas vers le trône
Te précèderont ;
La même couronne
Ceindra votre front.
Chante, etc.

Fils de l'industrie,
Ton activité
Est la sainte vie
De l'humanité.

Vole à la victoire,
Et, tout radieux,
Relève avec gloire
Ton front vers les cieux.
Chante, etc.

Tu prêches d'exemple
Lorsque, sans façon,
Tu changes en temple
Guinguette ou salon ;
Aimable sourire
Accueille en entrant,
Et l'on semble dire
A chaque assistant :
Chante, etc.

Suivant de son âme
Le noble désir,
Qu'enfin une femme
Aime sans rougir.
Dieu répand sur elle
La grâce et l'amour,
Quand sa voix appelle,
Qui peut rester sourd.
Chante bon prolétaire,
L'écho répétera : la la la la la la. (*bis*.)
Reprends courage, espère,
Ton malheur finira.

A LA FRANCE.

Lève ton noble front, ô ma belle patrie !
France, et donne l'essor à ton puissant génie,
Flambeau des nations, cher à l'humanité,
Tu vivras à jamais dans la postérité.
Que d'élans généreux, de sublimes pensées,
S'échappant de ton sein, bienfaisantes rosées,
Qui renferment toujours un germe d'avenir,
Qui fécondent le monde et le font rajeunir,
C'est toi qui, flétrissant la race féodale,
Arracha de son front la couronne ducale,
Dont la chûte ébranle le vieux trône des lys,
Qui devait s'abîmer sous les coups de tes fils,
Et frapper droit au cœur cette noblesse usée,
Au corps agonisant, à la tête baissée,
C'est ton peuple géant, qui se levant soudain,
Brise les écussons de sa puissante main,
Chasse un prêtre menteur, qui l'insulte et le brave,
Forge en glaive le sceptre et sa chaîne d'esclave ;
Et, traînant à son char maint roi qu'il a dompté,
Inscrit sur son drapeau le mot égalité.
Que de gloire à l'instant ce grand mot fit éclore ;
Transmis par les échos du couchant à l'aurore,
Il rend force et courage aux peuples endormis,
Et les met face à face avec leurs ennemis,
Qui forment, en tremblant, une ligue insensée ;
Vains efforts, le canon tuera-t-il la pensée.
Non, le peuple français vous défie au combat,
Et, pour vous terrasser, suit les pas d'un soldat.
Puis de tous ses lauriers tressant un diadême,
Sur le front du soldat il le posa lui-même.

Rois, vous osiez tirer le sabre contre nous !
Par le sabre, à l'instant, tombez à nos genoux !
Car la France, à son gré, quand le destin l'ordonne ,
Édifie ou renverse, et l'autel et le trône,
Court semer sur ses pas la révolution,
Et d'un peuple valet, fait une nation !
Le ciel, en t'adoptant pour sa fille chérie,
Déposa dans ton sein le germe de la vie ;
A l'œuvre ! maintenant, qu'en **tous** lieux répété,
Les peuples se rallient au cri de liberté !
Lève-toi ! qu'à ta voix tombent toutes les chaînes !
Viens arrêter le sang , viens éteindre les haines.
Au cri de désespoir, de malédiction ,
Fais succéder celui d'association ,
Qui versera sur tous la joie et la lumière,
Et peut en un palais transformer la chaumière ;
Que le monde étonné par toi sache bientôt
Que la fraternité n'était pas un vain mot.
Lève ton noble front, ô ma belle patrie !
France, et donne l'essor à ton puissant génie,
Flambeau des nations cher à l'humanité,
Tu vivras à jamais dans la postérité.

RAPPEL PHALANSTÉRIEN.

AIR : *Dansez vite, obéissez donc.*

Jetons vite armes et haillons ,
Au Phalanstère enfin courrons ,
Jetons vite armes et haillons ,
Et paix à toutes nations.

Au sein de nos familles
Désormais plus de pleurs ;
Accourez femmes, filles ,
Bourgeois et travailleurs ;
Les savans, par rancune,
Crieront : arrêtez-vous ;
Qu'ils conservent leur lune,
Le soleil est à nous.
  Jetons vite, etc.

Partons, et qu'on se range
De par l'attraction ,
Pacifique phalange ,
Donnons l'impulsion.
Les chants de nos poètes
Soutiendront nos ardeurs ,
Et d'éternelles fêtes
Souriront à nos cœurs.
  Jetons vite, etc.

Le plaisir nous appelle ,
Formons notre bouquet,
Et si l'or étincelle
A ce brillant banquet,
Pour charmer la jeunesse,
Rubis, perles, velours
S'unissent aux caresses
Des plus tendres amours.
  Jetons vite, etc.

A l'ordre sériaire
Et ses mille ressorts,
La terre, en bonne mère,
Livre tous ses trésors.

La sainte indépendance
Lance ses bataillons
Au sein de l'abondance
De nos riches moissons.
    Jetons vite , etc.

Là d'aimables déesses ,
Saintes filles des cieux ,
Répandent des caresses
Ou font de chastes vœux.
Et l'on tresse aux vestales ,
Comme aux reines des cœurs ,
Couronnes virginales
Et couronnes de fleurs.
    Jetons vite, etc.

Un profond alchimiste
Attend l'or d'un brasier,
Un grand économiste
De l'or fait du fumier,
Quand la riche nature ,
Aux aveugles humains ,
Déverse sans mesure
Ses dons à pleines mains.
    Jetons vite, etc.

Plus de partis en armes,
De triomphes sanglans,
Plus de deuil ni de larmes
Pour nos heureux enfans ,
Une carrière immense
S'ouvre à toute largeur
Et de l'intelligence ,
Et des bras, et du cœur.
    Jetons vite, etc.

AUX SOCIALISTES.

AIR : *Entrez troupe jolie.*

REFRAIN.

Sur l'aile de la gloire
L'auguste vérité
Transmet votre mémoire
A l'immortalité.

L'orage gronde, et la vague écumante,
En se brisant ébranle nos remparts ,
Roule, se gonfle, et toujours menaçante,
Vient disperser nos frêles étendards.
Nous n'échappons qu'en foulant plus d'un frère;
Puis nous courons sans espoir et sans but ;
Vous seuls buvez la lie et l'onde amère
Pour nous offrir la planche de salut.
    Sur l'aile de la gloire, etc.

Vous nous criez : bon espoir et courage !
Sous les glaçons voyez poindre les fleurs;
Un ciel plus pur paraît après l'orage.
L'enfantement n'est jamais sans douleurs ;
Quand sous son poids le vieux monde succombe,
Jetant, enfin, son pénible fardeau,
Vous le poussez hardiment dans la tombe,
Et de vos chants saluez le nouveau.
    Sur l'aile de la gloire, etc.

Le Christ mourut et l'esclave fut libre;
Mais de son sang s'il a tracé ses lois,
Le temps, enfin, a brisé chaque fibre
Qui nous tenait attachés à sa croix;

Vous nous guidez vers la terre promise ,
Où du soleil la divine clarté.
Brille sur tous, car la nouvelle église
Sait embrasser toute l'humanité.
>> Sur l'aile de la gloire, etc.

Des vieux palais les échos prophétiques
Ont retenti de vos divins accords,
Et dans nos cœurs vos accens pacifiques
Ont fait passer les plus nobles transports.
Votre drapeau dans les airs se balance,
Le sang humain ne le souille jamais ;
Dieu vous sourit, que son règne commence,
Pour tous, enfin , le travail et la paix.
>> Sur l'aile de la gloire,
>> L'auguste vérité
>> Transmet votre mémoire
>> A l'immortalité.

LE PROGRÈS A REBOURS.

AIR : *Bien heureux sont les chapons*

REFRAIN.

Dans l'bon temps où nous vivons ,
>> Comme tout progresse
>> Et tout baisse !
Dieu sait c'que nous deviendrons ,
Si longtemps nous progressons.
>> Le progrès, chez les Français,
>> A des racines profondes ;
>> Nous pouvons chanter en paix

Au sein du meilleur des mondes.
   Dans l'bon temps , etc.

Le sol est déchiqueté
En petits morceaux de terre ,
Un d'nos savans a compté
Trente millions d'propriétaires.
   Dans l'bon temps , etc.

Là l'ouvrier sans travaux ,
Rêvant la chûte des trônes ,
A jeun , peut , grâce aux journaux ,
Avaler douze colonnes.
   Dans l'bon temps, etc.

Les salaires baissent ; mais
Pourquoi ces visages ternes ?
On bâtit à moins de frais
Nos prisons et nos casernes.
   Dans l'bon temps , etc.

Grâce aux doctes Facultés ,
Le siècle avec luxe étale
Autant d'immoralités
Que de traités de morale.
   Dans l'bon temps, etc.

La confiance aux traités ,
Des quarante la science ,
Et de nos grands députés
L'esprit et la conscience.
   Dans l'bon temps, etc.

Le commerce fait la loi ,
Et la vieille revendeuse

Rend la justice à faux poids
Dans sa balance boiteuse.
  Dans l'bon temps, etc.

  Par un calcul tout nouveau,
Qui ne permet pas d'entraves,
La France ne sera bientôt
Qu'un vaste champ de betteraves.
  Dans l'bon, etc.

  Chacun peut s'en assurer,
En ce moment on fabrique
Une machine pour nous serrer
Le ventre à la mécanique
  Dans l'bon, etc.

  Plus de convoi d'indigent ;
Quelle banque salutaire !
S'il épargne de son vivant,
Après sa mort on l'enterre.

  Dans l'bon temps où nous vivons
  Comme tout progresse
   Et tout baisse !
Dieu sait ce que nous nous deviendrons,
  Si long-temps nous progressons.

AUX CHANSONNIERS.

AIR : *Point de chagrin qui ne soit oublié.*

Eh ! quoi vos lyres sont muettes
Gais chansonniers, vous, nos amis,
L'orage gronde sur nos têtes
Et vous semblez tous endormis ; } *bis.*
En cour seriez-vous donc admis ?
Non, votre voix toujours si populaire
Leur semblerait et trop rude et trop fière,
Aux travailleurs soyez toujours unis,
Le char des grands a plus d'un mercenaire.

Que vos refrains, baume consolateur,
Du peuple calme la douleur ;
Chantez, amis, répétez tous en chœur
Doux chants d'amour et de bonheur.

Si de la palme du génie
Votre front a pu s'ombrager,
Au saint nom de la poésie
Quittez, quittez ce ton léger ;
Au peuple il faut d'abord songer.
Pour que vos vers répétés d'âge en âge,
Jusques aux cieux se frayent un passage,
Ah ! des Debraux et du grand Béranger
Partagez-vous le brillant héritage ?
    Que vos refrains, etc.

Voyez cette belle jeunesse
Au cœur généreux et brûlant,

Du temps accuser la vitesse,
Bondir soudain et d'un élan
Toujours se jeter en avant
Loin des hasards d'une lutte insensée.
Montrez, montrez à son àme oppressée
Un avenir de gloire étincelant,
Car elle germe une grande pensée.
    Que vos refrains, etc.

L'artiste est l'ami le plus tendre
Des progrès de l'humanité ;
Chantez amis, faites entendre
Les accens de la vérité,
Chant de gloire et de liberté.
Pour nos enfans plus de sanglant baptême,
 A votre voix que les cris d'anathême
Cèdent aux chants de la fraternité ;
Facilement on en croit ceux qu'on aime.

Que vos refrains, baume consolateur
Du peuple calme la douleur ;
Chantez amis, répétez tous en chœur
Doux chant d'amour et de bonheur.

L'AVENIR.

AIR : *Tique, tique, toc et tin, tin, tin.*

Assez de sanglots et de tourmens,
    De misère ,
  De haine et de guerre ;
Assez de sanglots et de tourmens ,
Dieu sourit à tous ses enfans.

Poètes, allons, l'avenir se découvre,
Le peuple a besoin de vos chauds unissons ;
Redites aux grands, qu'un monde nouveau s'ouvre,
Et que chaque écho redise vos chansons.
      Assez, etc.

Au sein du progrès tout meut et se déroule,
Du passé qui veut ramasser les débris,
Trône, comme idole, avec lui tout s'écroule;
L'humanité marche et n'entend plus de cris.
      Assez, etc.

Que sur l'ordre enfin la liberté se fonde;
Plus de révoltés, de soldats, de bourreaux,
Et l'on n'aura plus, pour gouverner le monde,
Que de la mitraille et que des échafauds.
      Assez, etc.

Non plus de martyrs et plus d'idolâtrie ;
Peuples aimons-nous, et frères en tous lieux,
Ne reconnaissons qu'un Dieu, qu'une patrie,
Place et paix pour tous sous la voûte des cieux.
      Assez, etc.

Dans la belle Europe, un mouvement s'apprête,
Sur elle s'étend l'arc-en-ciel du bonheur,
Elle n'est qu'un corps, l'Allemagne est la tête,
Le bras l'Angleterre, et la France le cœur.
      Assez, etc.

En frappant les airs de nos chants d'allégresse,
Brisons des combats le sanglant attirail.
Bientôt, croix d'honneur et titre de noblesse
Se ramasseront sur le champ du travail.
      Assez, etc

Place au prolétaire, il relève la tête,
Son front tout poudreux se dresse avec fierté;
Son travail est saint, le monde est sa conquête,
A lui donc enfin richesse et liberté.
    Assez de sanglots et de tourmens,

      De misère,
    De haine et de guerre ;
  Assez de sanglots et de tourmens,
  Dieu sourit à tous ses enfans.

L'IMPOSSIBLE.

O mortels égarés ! pour le plus grand génie
N'aurez-vous donc toujours qu'une amère ironie?
Faut-il, pour éviter votre mortel venin,
Que toujours le géant rampe et se fasse nain ?
Fourier, grand parmi tous, dont la noble carrière
Fit rejaillir sur nous tant de flots de lumière,
Fut livré par tous ceux qui gâchaient du papier,
A l'insulte, au mépris du dernier écolier ;
Fou qui veut du bonheur doter l'espèce humaine,
Riez ! mais riez donc ! il est mort à la peine,
Mort sans que ses travaux soient ni lus, ni jugés.
Martyr, cent fois martyr, d'absurdes préjugés ;
Et si cela déjà pour vous n'est plus risible,
Votre haute sagesse a dit : c'est impossible ;
Impossible, insensés, qu'un fol orgueil conduit,
L'impossible d'hier est possible aujourd'hui ;
Le monde s'en va-t-il retomber en l'enfance?
Non ! malgré vous alors il faut bien qu'il avance.

Impossible, mon Dieu! mais le Christ et Newton,
Mais Colomb, Montgolfier, Galilée et Fulton,
Par vos savans docteurs à l'esprit infaillible ,
Ont été salués de ce mot impossible.
Heureux quand la torture ou quand les échafauds
N'ont pas été le prix des plus nobles travaux.
Mais, malgré vos arrêts et le doute qui glace,
On s'élève dans l'air et l'on brûle l'espace;
La vapeur porte au loin nos vaisseaux sur les mers ,
Et l'on connaît enfin les lois de l'univers.
La routine a menti ; mais si par la science
L'homme peut du soleil mesurer la distance ,
Par la science aussi l'homme ne peut-il pas
Rechercher si sa loi s'accomplit ici-bas?
Si souffrir à jamais est dans sa destinée
Et si la terre enfin par Dieu lui fut donnée
Avec tous ses trésors pour domaine ou tombeau ;
S'il doit s'armer du glaive ou saisir un flambeau ;
S'il doit organiser la guerre ou l'industrie
Et si le monde entier n'est pas notre patrie.
Lorsque dans l'univers il n'est qu'un seul desir,
Un espoir, une foi d'un meilleur avenir ;
Quand chaque nation oubliant toute haine
Peut s'asseoir au banquet de la famille humaine,
Quand, au nom du progrès, on voit de toutes parts
De l'ordre et du travail surgir les étendards,
Où sont inscrits les mots de paix et d'harmonie ,
Vous voulez reculer jusqu'à la barbarie?
Que le soc de charrue en glaive soit forgé ,
Que l' utile artisan en soldat soit changé
Pour nourrir et loger vos pauvres sans asiles,
Entourez de remparts , fortifiez vos villes,

De ce sol florissant supprimez les sillons ;
Où naissaient les épis entassez des canons ;
La science au travail peut ouvrir une issue ,
Et vous en appelez à la guerre qui tue.
Arrêtez , malheureux ! l'ignorance et l'orgueil
Nous ont assez coûté de larmes et de deuil.
La mort a trop longtemps plané sur nos familles ;
Trop longtemps affublé de vos vieilles guenilles,
Le monde dans la fange est las de se courber,
Et dans votre néant ne veut plus retomber.
Arrière, défenseurs d'un passé qui s'écroule !
Un brillant avenir à nos yeux se déroule ;
Un avenir de paix , de gloire et de bonheur,
Qui rend la vie à l'âme et l'espérance au cœur.
Tu râle donc, enfin , pâle et décolorée ,
Société pourrie , à la face dorée,
Toi-même, de tes mains , as creusé ton tombeau ;
Croule donc à jamais !... place au monde nouveau ;
Et nous, à l'œuvre , amis, que chacun dans sa sphère
Au nouvel édifice apporte enfin sa pierre.
Serrons nos rangs , marchons ! unissons nos efforts,
Si l'œuvre est grande ainsi, nous serons grands et forts.
Oh ! quand de tous nos maux on perdra la mémoire,
Quand, un jour, nos enfans en lisant notre histoire
Verront ce que jadis était la liberté ,
La justice, l'honneur , la sainte égalité,
Comment on étouffait par l'indign torture
Les trésors qu'en leur sein déposa la nature,
Et comment, à vingt ans, les plus forts, les plus beaux
Courraient s'entr'égorger comme de vils troupeaux ;
Et dans des flots de sang, au milieu du carnage ,
Avaient tous les honneurs et la gloire en partage ;

Alors qu'on attachait, pour prix de leurs sueurs,
La misère et la honte au front des travailleurs,
Le cœur pur et l'esprit au mal inaccessible,
Nos enfans à leur tour diront: c'est impossible.

DÉMÉNAGEONS.

AIR : *Gai, gai, serrons nos rongs.*

Bon, bon, déménageons,
Qu'on s'esquive
Et qu'on nous suive ;
Bon, bon, déménageons,
Pour nous tous les lieux sont bons.

Si le passé veut sévir,
Brisons ses verroux, ses grilles ;
Quittons ces vieilles guenilles
Pour le champ de l'avenir.
Bon, bon, etc.

L'hiver fait place au printemps,
Les frimats à la verdure ;
Tout marche dans la nature,
Marchons donc avec le temps.
Bon, bon, etc.

Là, du léger papillon
La chenille prend la forme ;
Tout progresse et se transforme ;
Profitons de la leçon.
Bon, bon, etc.

Quand notre âme sortira
De ce corps qui la recèle,
C'est que plus pure et plus belle
De gîte elle changera.

Bon, bon, déménageons
Qu'on s'esquive
Et qu'on nous suive ;
Bon, bon, déménageons
Pour nous tous les lieux sont bons.

LE BOUTIQUIER FRANÇAIS.

Chacun chez soi,
Chacun pour soi,
C'est mon argument, c'est ma loi.

Aux siècles futurs je m'en vante
Mon nom peut passer à jamais,
Car à moi seul je représente
L'esprit du boutiquier français.
Chacun, etc.

Quand s'éteint toute poésie ;
Plus de nobles ambitions,
L'égoïsme et la fourberie
Trônent au sein des nations.
Chacun, etc.

Quand l'émeute gronde en la rue,
Qu'un tambour bat au rendez-vous,

Qu'importe qui tombe ou qui tue,
Je dis en mettant mes verroux :
    Chacun, etc.

Quand l'honneur devient marchandise,
Quand les suffrages sont cotés,
Le vol alors se légalise
Et les voleurs sont patentés.
    Chacun, etc.

Pour nous c'est chose bien futile
Qu'étudier l'attraction,
Il est plus simple et plus facile
D'apprendre la soustraction.
    Chacun, etc.

Mon comptoir, voilà ma patrie,
Ma science, mon horizon,
Mon paradis, ma poésie,
Mes amours, ma religion.
    Chacun, etc.

Tout novateur meurt à la peine
S'il veut réformer les travers,
Et l'ingrat esclave en sa haine
Lui brise le front de ses fers.

    Chacun chez soi,
    Chacun pour soi,
C'est mon argument, c'est ma loi.

LE PROGRÈS.

Air connu.

Tout progresse et se modifie ;
Le progrès c'est le mouvement,
C'est l'espérance, c'est la vie,
C'est la loi qui pousse en avant.
Le temps qui compte les années,
Rayant le passé pour jamais,
Au livre de nos destinées
Inscrit chaque nouveau progrès.

Nature, ta richesse immense
Se cache-t-elle avec dessein,
Quand, péniblement, la science
Puise ses trésors dans ton sein ;
Laisse-nous percer le nuage
Qui nous voile encor tes secrets,
Montre-nous enfin le rivage
Où nous conduira le progrès.

Le cerf jadis était esclave,
Il est prolétaire aujourd'hui ;
Le progrès qu'en vain on entrave
A l'horizon enfin a lui.
C'est la fraternité qui brille,
Assez d'inutiles regrets,

Enfans de la même famille,
Suivons tous la loi du progrès.
Je sens que pour chanter encore
Il faudrait pouvoir mélanger,
Aux accens d'une voix sonore ,

Le luth divin d'un Béranger ;
Pourtant si les sons de ma lyre
Ont pu vous dérider les traits,
Et me rapporter un sourire,
Je serai fier de mon progrès.

AUX CHANSONNIERS.

AIR : *S'il a du goût, du penchant pour le chant.*

Gais, partez, refrains heureux
Et joyeux,
Chansonnettes
Coquettes,
Allez, portez au cœur
Du travailleur ....
Doux espoir de bonheur.

Chansonniers, vos muses légères
Peuvent, sur l'aile des amours,
Par vos refrains si populaires,
Au peuple annoncer de beaux jours.
Le front poudreux du prolétaire
Se déride par vos efforts ;
Allez adoucir sa misère
Au son de vos charmans accords.
      Gais, partez, etc.

Allez, semblables aux abeilles,
Ne vous nourrissant que de fleurs ;
Des raisins dorés de nos treilles
Prenez les riantes couleurs ;

Le peuple tarit en silence
Sa coupe où déborde le fiel,
Allez, filles de l'espérance,
Porter et le baume et le miel.
    Gais, partez, etc.

Par vous le riche qui s'ennuie
Peut se réveiller, et soudain,
Au nom de la sainte harmonie,
Au pauvre aller tendre la main.
Qu'un air mélodieux et tendre
De l'atelier monte au salon :
On est bien plus près de s'entendre
En chantant la même chanson.
    Gais, partez, etc.

Dites-lui que ce sol aride
Qui, pour lui, n'a que des chardons,
Bientôt, sous une sainte égide,
Le comblera de tous ses dons ;
Sa barque battue et brisée,
Sur l'océan de ses desirs,
Peut voguer, fraîche et pavoisée,
Vers les amours et les plaisirs.
    Gais, partez, etc.

Longtemps la lutte meurtrière
Vous imposa ses dures lois,
Pour chanter la haine et la guerre
En vain vous gonflez votre voix ;
Ah ! de l'arène politique
Désertez les sanglans drapeaux,

Jetez la trompette héroïque ,

Et reprenez vos gais pipeaux.
Gasi , partez , etc.

L'HEURE DU RENDEZ-VOUS.

Heure du rendez-vous , heure tant desirée ,
Épiée , attendue , et si tôt expirée ,
L'instant qui te précède est lent à frapper l'air ,
Quand toi , si douce , hélas ! passe comme un éclair ,
Non pas comme un éclair précurseur de l'orage ,
Mais comme un feu sacré dans un ciel sans nuage ,
Mais rayon vif et pur qui , dans l'immensité ,
Nous laisse du bonheur pour une éternité.
Oh ! que je plains celui qui , jamais , dans son âme ,
N'a , des feux de l'amour , senti la douce flamme ,
Qui n'a jamais senti ce pouvoir surhumain
Le guider vers un ange et comme avec la main ,
Et son cœur à l'étroit battre dans sa poitrine ,
Et son œil se mouiller d'une larme divine ,
Et tout son être enfin tressaillir de bonheur
Pour un sourire , un mot , un regard de douceur !
Moi qui voudrais donner la moitié de ma vie
Pour un instant passé dans les bras d'une amie !

A FOURIER.

Fourier, dont l'esprit créateur
Nous révéla nos destinées ,
Et qui , pour combattre l'erreur ,
Courba le front quarante années ;
Pauvre, si tu fermas les yeux ,
Ton âme , quittant ce rivage ,
Avait, en s'élevant aux cieux,
L'immortalité pour bagage.

LE CIVILISÉ.

AIR : *Tic , tic , toc et tin , tin , tin.*

De certain pays, un jour certain sauvage ,
Débarqué chez nous, disait, en nous voyant :
Quoi ! voilà ce peuple et si grand et si sage ,
Puis il répétait , tout bas, en souriant :

Dieu qu'ils sont gentils, qu'ils sont rusés ,
Rien ne les gêne ,
Ne les met en peine ,
Dieu qu'ils sont gentils, qu'ils sont rusés ,
Vivent, vivent les civilisés !

Il trouva partout et tambours et bannières ,
C'était le pays qui s'était révolté ,
Qui, le fer en main , en égorgeant ses frères ,
S'en allait planter l'arbre de liberté.
Dieu, etc.

« Voilà, lui dit-on, ce qu'un pouvoir amène,
» Quand au bien de tous il n'est pas entraîné,
» Le peuple toujours saura briser sa chaîne
» Sur le front de ceux qui l'auront enchaîné. »
   Dieu, etc.

A tout renverser, partout on s'évertue ;
De cent factieux, cent autres sont suivis ;
Pour être plus libres, on emprisonne, on tue
Tous les mécontens qui sont d'un autre avis.
   Dieu, etc.

« Chaque souverain, criait-on, est un traître,
» Des rois, justement, nous avons tous horreur ;
Voilà qu'un soldat alors vient à paraître ;
Et presque aussitôt on le nomme empereur.
   Dieu, etc.

Le peuple, jadis, des grands était esclave,
Ses jours dépendaient d'un seigneur, d'un baron ;
En le flagornant du grand titre de brave,
Il en a fait, lui, de la chair à canon.
   Dieu, etc.

Las de parcourir, de dévaster le monde,
Le soldat s'en fut mourir sur un rocher.
Le peuple, de rois alors change à la ronde,
Et toujours tondu, veut toujours s'en fâcher.
   Dieu, etc.

La chambre est le mieux de ce qu'on peut prétendre,
Pour bien gouverner toute la nation ;
Un côté dit oui, l'autre, non, sans comprendre,
Le centre indécis ne dit ni oui ni non.
   Dieu, etc.

Là, le travailleur qui féconde la terre,
N'est qu'un être vil, un butor, un vaurien,
Il n'aura pour lui que honte et que misère ;
Honneur et richesse à ceux qui ne font rien.
  Dieu, etc.

Le sauvage dit : vite, quittons la place,
C'est assez rester chez ce peuple de fous ;
Allons vivre en paix et de pêche et de chasse,
Le fruit du travail au moins sera pour nous.

  Dieu qu'ils sont gentils , qu'ils sont rusés ,
      Rien ne les gêne ,
      Ne les met en peine ,
  Dieu qu'ils sont gentils , qu'ils sont rusés ,
  Vivent, vivent les civilisés.

————————

MARCHONS.

Air : *Du carnaval de Béranger.*

Notre planète a fait une tournée,
Et cependant semble se rajeunir,
Suivant sa loi, dans l'espace entraînée,
Elle nous montre un riant avenir ;
Du temps passé la poussière qui vole
Découvre, enfin, un ciel plus adouci :
J'y vois brûler une sainte auréole ;
Marchons encor, l'horizon s'éclaircit.

Par le hasard jeté sur cette terre,
Maudissant Dieu ; le Dieu que l'on t'a fait,

Le front penché, tu te dis, prolétaire :
Pour moi, la vie est-ce donc un bienfait ?
Relève-toi, plâne par ta pensée,
Loin de ce monde, où le cœur s'endurcit,
Lis dans les cieux, où ta route est tracée,
Marchons encor, l'horizon s'éclaircit.

Rallions-nous, la paix nous y convie ,
Sous l'étendard de la fraternité ;
Aux mots sacrés de gloire et de patrie,
Nous unirons le mot humanité.
Assez de sang inonde nos frontières ,
Que le soleil y mûrisse l'épi.
Pour ajouter à l'œuvre de nos pères,
Marchons encor , l'horizon s'éclaircit.

Il me souvient, votre âme semblait fière,
Quand nos bravos saluaient vos accens ;
Mais vous quittez notre sainte bannière :
Allez ramper poètes courtisans ,
On peut tuer sans se servir du glaive ,
En semant l'or ; mais nous savons aussi
Quand l'homme tombe, un autre se relève ;
Marchons encore, l'horizon s'éclaircit.

Ce vieux pontife que le vulgaire outrage,
A dominé les peuples et les rois :
Découvrons-nous , respect à son grand âge ;
Saluons-le pour la dernière fois :
Il meurt, enfans, mais son souffle fécond,
Vieux temple usé, que le temps a noirci,
Sur tes débris s'élève un nouveau monde ,
Marchons encor, l'horizon s'éclaircit.

Fille du ciel, ô divine espérance !
Tu charmes l'homme au sortir du berceau ,
Guidant ses pas et calmant sa souffrance ,
Tu lui souris jusqu'au bord du tombeau ;
Souvent battu par les vents et l'orage,
Vieux et courbé, prêt à crier merci ,
Il dit, voyant son bâton de voyage :
Marchons encor, l'horizon s'éclaircit.

FIN.

Imprimerie de P. BAUDOUIN, 38, rue des Boucheries-St-Germ.